WISŁAWA

SZYMBORSKA

别册

13

辛波斯卡新译十三首

陈黎 张芬龄 译

WISŁAWA

SZYMBORSKA

目录

未出版作品

1944-1948

5

滑稽的情诗

我脖子上戴着一串珠子。
每一天都是快乐的日子，
被种种意想不到的
事情的叩击撑起。

我只晓得一首歌的节拍，
一首如此柔美好听的歌，
只要你有幸听过它，
你就会跟着哼唱。

我不存在于我自身，

我只是某个元素的功能。

空气中的一个符号。

或水面上一轮涟漪。

每一次你双眼睁开，

我只取属于我的东西。

我如实地留下

你的土，你的火。

——译自未出版作品（1944–1948）

6

7

走出电影院

白色的帆布上闪烁着梦影，
像月亮的皮，发出两小时微光。
那儿有忧伤的情歌，
快乐旅程的终点和花朵。

童话过后，世界是雾蒙蒙的蓝。
电影院外的角色和面孔都未经预演。
士兵唱着忠党的挽歌。
少女也奏起她忧伤的歌。

现实世界啊，我就要回到你身边，
拥挤，黑暗，又难逃宿命——
你，大门下方的独臂男孩，
你，年轻女孩的空洞眼神。

——译自未出版作品（1944-1948）

自问集

1954

8

恋人们

我们如此安静，仍可听见
他们昨日的歌声：
“你往高山，我走向河谷……”
我们听见，却不相信。

我们的微笑不是哀愁的面具，
我们的良善不是自我牺牲。
我们给非恋人们的同情
远超过他们应得的。

我们对自己深感惊奇，

还有什么能让我们惊奇？

不是夜里的彩虹，

不是雪中的蝴蝶。

我们入眠时

梦见我们分手。

但，是个好梦，

是个好梦，

因为我们自梦中醒来。

——译自《自问集》(1954)

10

坦露

就在这里，两个裸露的恋人，
彼此赏心悦目——足矣。
唯一的遮蔽物是我们的睫毛，
我们躺在深深的夜中。

但它们早知道我们，它们知道，
那四个角落，第五个壁炉，
椅子上坐着的机灵的影子，
以及暗察一切的沉默的桌子。

而玻璃杯知道，没喝完的
茶水为什么变冷了。
史威夫特也深知，今夜
不要奢望有人会读他的书。

而鸟呢？它们绝不会有幻觉：
昨天我看见它们在天空中
公开而大胆地写着
我叫唤你的那个名字。

而树呢？你可否告诉我它们
不知疲倦的细语什么意思？
你说：风一定也知道。但

风究竟怎么知道我们的?

一只飞蛾，从窗户飞进来，
鼓动着毛茸茸的翅膀
飞过来，飞过去，
在我们头上不停哼哼响。

它敏锐的昆虫的目光
也许比我们看到更多的东西?
我未曾察觉，你未曾想到，
我们的心在黑暗中灼灼发红。

——译自《呼唤雪人》(1957)

13

水

一滴雨掉落在我手上，
凝缩自恒河和尼罗河，

自海豹须上朝天空上升的白霜，
自伊苏和泰尔城内破瓮里的水。

在我食指上
里海是开放的海，

太平洋温驯地流入鲁达瓦河，
那条河曾化身为一朵云，飘过巴黎上空

在一千七百六十四年
五月七日凌晨三点时。

我们没有足够多的唇去说出
你转瞬即逝的诸多名字，噢水啊。

我必须在瞬间以各种语言发出
所有元音方能为你命名，

同时得保持沉默——为了那座
等待命名而未果的湖泊，

那座湖不存在于世上——一如
投影其上的星辰不存在于天上。

有人即将溺毙，有人奄奄一息渴求你。
在很久以前，在昨天。

你帮许多房子灭火，冲走许多房子如
冲走树木，冲走许多市镇如冲走森林。

你在洗礼池里，也在交际花的澡盆里。
在吻里，也在尸衣里。

啃啮石头，喂养彩虹，
是金字塔与丁香花的汗珠和露珠。

一滴雨多么轻盈。
世界多么轻柔地触摸我。

无论何时何地发生的任何事
都记载在水的巴别塔上。

译注：伊苏（Ys），传说中建于法国布列塔尼海边的奇幻之城，后被海水淹没。泰尔（Tyre），古代腓尼基一滨海之城。鲁达瓦河（Rudawa），波兰南部一小河流。

——译自《盐》（1962）

瞬间
2002

17

话筒

我梦见我醒来，
因为电话铃声。

我梦见确然
是死人打来电话。

我梦见我伸手
去拿话筒。

而话筒却
与以往有别，
它变重了，
仿佛黏住什么东西，
牢植进什么东西里头，

且以根须将其紧紧缠住。

我必须用力将它连同整个地球

拔出来。

我梦见我徒劳的

努力。

我梦见寂静，

因为铃声停了。

我梦见我睡着

又再度醒来。

——译自《瞬间》（2002）

19

回想

大伙儿天南地北聊着
忽然间停了下来，
一个正妹走到露台上来，
好正，
太正了，
坏了我们出来玩的心情。

芭夏儿惊慌地看了她先生一眼。
克里斯蒂娜本能地伸手
握住兹比谢克的手。
我想着：要打电话给你，
告诉你现在先不要来，
天气预报这几天都会下雨。

只有寡妇阿格妮叶希卡
以笑脸迎接这位正妹。

——译自《瞬间》（2002）

20

初恋

他们说
初恋最重要。
非常浪漫，
但于我并不然。

有什么东西在我们之间，又好像没有。
有什么东西来了，又走了。

我的手没有发抖
当我凑巧翻到那些小纪念品，
一捆信用绳子绑着
——没有用什么丝带。

多年后仅有的一次碰面：
两张椅子隔着一张
冷桌子谈话。

其他恋情
在我体内气息长在，
这个呢，连叹个气都困难。

然而正因为如此，
其他恋情做不到的，它做到了：
不被怀念，
甚至不在梦里相见，
它让我初识死亡。

——译自《瞬间》（2002）

22

小谈灵魂

我们间歇性地拥有灵魂，
没有人能永远且
不停地拥有它。

日复一日，
年复一年，
少了它似乎也行。

有时，只有在童年的
欢喜或恐惧中，
它才会驻留久些。
有时，只在惊觉
我们已老时。

它很少伸出援手，当我们
从事费劲的工作——
譬如搬家具，
或者抬行李，
或者脚穿紧鞋长途跋涉。

每要填表格
或切肉时，
它总是休假外出。

我们一千回的交谈，
它只加入一回，
且不一定发声，
因为它偏爱沉默。

当我们身体疼痛开始加剧，

它便偷溜下班。

它很挑剔：

不喜欢看我们周旋于人群中，

厌恶我们极力为自己谋利益，

叽叽嘎嘎一堆生意经。

喜与悲

于它并非两种不同感受。

当它们合而为一时，

它才会与我们同在。

我们可以倚靠它，

当我们无一不疑，

当我们对万事好奇。

所有物品中

它最爱有钟摆的钟

以及镜子——即使无人在看，

它们照样认真工作。

它没说它从何处来，

何时又将翩然离去，

但显然等着这些问题。

看来——

一如我们需要它，

它似乎也因为什么东西，

需要我们。

——译自《瞬间》（2002）

足矣
2012

27

在机场

他们张开双臂互相朝对方奔去，
大笑，大叫着：终于！终于！
两个人都穿着厚重的冬装，
厚厚的帽子，
围巾，
手套，
靴子，
但只是在我们看来如此。
在他们彼此眼里——一丝不挂。

——译自死后出版诗集《足矣》（2012）

28

手

二十七块骨头，

三十五块肌肉，

五个指尖各约

两千个神经细胞。

足以让人

写出《我的奋斗》

或《小熊维尼的小屋》。

——译自死后出版诗集《足矣》（2012）

29

镜子

是的，我记得在我们被
毁坏的镇上的那堵墙。
它几乎高达五楼。
一面镜子悬于四楼处，
一面不可能的镜子，
完好无损，坚定不移。

它没有映现任何人的脸，
没有整理头发的手，
没有面对房间的门，
没有任何你可以称之为场所
的东西。

仿佛它正度假中——

鲜活的天空凝视其间，

忙碌的云朵在浩瀚的碧空，

闪亮的雨水刷洗瓦砾堆的尘土，

翱翔的鸟群，星星，日出。

一如所有制作精良的器物，

它完美无瑕地行使职责，

伴同一位看尽惊奇事的行家。

——译自死后出版诗集《足矣》(2012)

31

给我的诗的诗

最好的情况——

我的诗啊，你会被仔细阅读，

被讨论，被记住。

差一点的情况：

读过而已。

第三种可能——

虽然写出来，

但旋即被扔进垃圾桶。

你还有第四种出路——

没有化诸文字就消失了，

自言自语一番，自得其乐。

——译自死后出版诗集《足矣》（2012）

HERE

1996...

- *1996* 9 月 30 日，辛波斯卡获得国家笔会的诗歌终身成就奖。

  10 月 3 日，瑞典学院授予辛波斯卡诺贝尔文学奖。
- *1997* 6 月 18 日，辛波斯卡的姐姐去世了。

  11 月，她搬入克拉科夫一间装修现代、面积大一点的公寓里。
- *2001* 辛波斯卡宣布成为美国文学艺术学会的荣誉会员。
- *2003* 她的诗集《瞬间》（*Chwila*）被提名波兰权威文学大奖尼克奖，进入了最终的 7 人名单。
- *2006* 5 月，她的诗集《冒号》（*Dwukropek*）被提名尼克奖。

  9 月，《冒号》被《波兰选举报》的读者票选为尼克奖的最佳图书。

1945...

- *1945* 3月*14*日，发表了她的第一首诗*Szukam Słowa (Looking for a Word)*，被当时的编辑删去了一半，因为编辑们普遍认为这首诗“太唠叨了”。同年秋天，被录取进亚捷隆大学（*Jagiellonian University*）学习波兰语言学，随后攻读了社会学，但没有完成学业课程。
- *1947–1948* 在一家双周刊杂志 *Świetlica Krakowska* 做助理编辑和设计图书插图的工作。
- *1948* *4*月，与诗人、翻译家、评论家亚当·符沃德克（*Adam Włodek*）结婚，并搬离父母家，住在克拉科夫战后成立的“作家之家”里。
- *1950* 加入了波兰统一工人党（*PZPR*，当时的执政党）。
- *1952* 出版了第一本诗集《存活的理由》（*Dlatego żyjemy*），卖了*1140*本，让她得以成为波兰作家联盟的一员。她后来出版的诗集里从未选入这本书的作品。
- *1953* *1*月，成为周刊 *Życie Literackie* 的诗歌部门主编。
- *1954* 与亚当·符沃德克离婚，直到他去世时他们都维持着好朋友的关系。当年春天，辛波斯卡第一次出国旅行，去保加利亚做文化交流。同年，她的诗歌荣获克拉科夫文学奖。
- *1960* 回复一些想成为作家的年轻人写来的信和投稿。
- *1963* 诗集《盐》（*Sól.*）获得波兰文化艺术奖二等奖。
- *1968* 夏天和秋天，辛波斯卡因为肺部疾病在肺结核疗养院休息。
- *1969* 作家科尔内尔·费利波维奇开始拍摄辛波斯卡的照片，他们的关系一直持续到*1990*年费利波维奇去世。

1973...

- *1973*　辛波斯卡的专栏《在规定阅读书目之外》(*Beyond the Obligatory Reading List*)第一次集合出书:《非强制阅读》(*Lektury nadobowiązkowe*)。此后几次再版并加入了新的内容。
- *1981*　成为了《皮斯莫》(*Pismo*)杂志的供稿人。该杂志是克拉科夫新兴起的一本文学月刊，科尔内尔·费利波维奇是杂志副主编。

她的诗集 *Sounds, Feelings, Thoughts: Seventy Poems* 第一次被翻译成英文，由普林斯顿大学出版社出版。

- *1982*　秋天，搬到了克拉科夫一间一居室的公寓里，四楼，没有电梯。
- *1983*　成为了 *Tygodnik Powszechny* 周刊（面向天主教知识分子）的撰稿人，发表了诗歌 *The Century's Decline (Schyłek wieku)*。

12 月 *4* 日，在克拉科夫天主教知识分子俱乐部的总部，朗读了自己的诗 *An Opinion on the Question of Pornography (Głos w sprawie pornografii)* 。为独立于政府审查的杂志 *NaGlos(OutLoud)* 创刊号剪彩。她后来一直为该杂志撰稿。

1986...

- *1986* 1月27日，亚当·符沃德克，她的前夫，也是她最好的朋友之一，去世了。
- 沉寂十年后再次出版新诗集《桥上的人们》（*Ludzie na mości*）。随后她因为这本诗集获得了波兰团结工会联盟文化奖。
- *1988* 辛波斯卡成为波兰作家协会（*SPP*）的创始成员，该协会专门招募和政治反派有关的作家，她也成为了波兰笔会的一员。
- *1990* 2月28日，科尔内尔·费利波维奇去世了。

辛波斯卡因为作品《桥上的人们》获得 *Zygmunt Kallenbach* 奖，该奖项由波兰独立文学奖——*Kościelski* 文学奖的评委选出。

- *1991* 8月28日，在德国法兰克福的圣保罗教堂，辛波斯卡被颁发了著名的歌德奖。该奖项此前得主有西格蒙德·弗洛伊德、卡尔·雅思贝尔斯、赫尔曼·黑塞以及托马斯·曼。
- *1995* 辛波斯卡成为了波兰艺术与科学学院 *(PAU)* 的会员。

获得奥地利赫尔德奖。

2010 …

○ *2010* *9* 月，卡塔日娜·科伦达 - 扎莱斯卡拍摄了关于辛波斯卡的纪录片《有时生活是可以忍受的》（*Sometimes Life Is Bearable. A Wicked Portrait of Wisława Szymborska*）。

○ *2011* *1* 月，辛波斯卡被授予波兰最高奖章——白鹰勋章。

5 月 *14* 日，辛波斯卡生前最后一次在公共面前亮相。她在基督圣体教堂和裘利亚哈特威格、拉尔斯·古斯塔夫松以及阿舒克·瓦杰帕伊一同读诗。这也是当年克拉科夫切斯瓦夫·米沃什文学奖开展的活动的一部分。

9 月，辛波斯卡又一部以主题挑选的诗集《植物的沉默》（*The Silence of Plants*）出版。

○ *2012* *2* 月 *1* 日，辛波斯卡在自己的家中于睡梦中逝世。

4 月，她的最后一本，也是未完成的一本诗集《足矣》（*Wystarczy*）最终出版。

辛波斯卡生平年表

1923…

- 1923　7月2日，辛波斯卡诞生于波兰一座小城。
- 1929　辛波斯卡随父母举家搬至克拉科夫。
- 1930　在乔特克小学（*J. Joteyko Primary School*）入学。
- 1935　被录取入乌苏兰文法学校（*Ursulan Sisters' Grammar School*）读书。
- 1941　春天，辛波斯卡通过了结业考试，结束了她在德国统治波兰时期接受的国家中等教育。
- 1943　为避免被驱逐到德国强制劳动，辛波斯卡在铁路局入职，从事一份办公室工作。
- 1944　这一年，辛波斯卡写的很多诗歌在战后都被公认十分值得印刷出版。

Wisława Szymborska

给所有昨日的诗

Tujai

[波]维斯拉瓦·辛波斯卡　著

陈黎　张芬龄　译

CNS PUBLISHING & MEDIA 湖南文艺出版社
HUNAN LITERATURE AND ART PUBLISHING HOUSE

她开始自遗忘的镜子

打捞那些早已沉没的脸。

——维斯拉瓦·辛波斯卡

我偏爱写诗的荒谬，

胜过不写诗的荒谬。

WISŁAWA SZYMBORSKA

1923-2012

目 录 *Contents*

辑一 这里 —————————— *2009*

辑一 这里

2009

这里

噢我无法代其他地方发言，

但在这里在地球上我们各项物资充裕。

在这里我们制造椅子和哀愁，

剪刀，小提琴，感性，晶体管，

水坝，玩笑和茶杯。

别的地方各项物资也许更丰，

但基于非特定原因他们缺乏画作，

阴极射线管，饺子和拭泪用的纸巾。

这里有无数周围另有地方的地方。

你或许对其中一些情有独钟，

可以为它们取个昵称，

以收辟邪之效。

别处也许有类似的地点，
但没有人觉得它们美丽。

没有其他任何地方，或几乎无任何地方
你可以像在这里一样拥有自己的躯体，
以及必要的配备，
将自己的孩子加入别人的孩子中。
外加手，腿和备感惊奇的脑。

无知在这里超时工作，
不断地计算，比较，测量，
下结论，找原因。

我知道，我知道你在想什么。
这里无一物恒久，

因为自远古以来皆受大自然的力量主宰。
而你知道——大自然的力量容易疲劳
有时须长时间休息
才重新启动。

我知道你接下来会想什么。
战争，战争，战争。
但还是有中场休息的时候。
立正——人类是邪恶的。
稍息——人类是善良的。
立正时创造了荒原。
稍息时挥汗建造了房屋，
然后尽快入住。

在地球上生活花费不多。
譬如，梦境不收入场费。
幻想只有在破灭时才须付出代价。

身体的租用费——用身体支付。

再补充一点，
你可免费在行星的旋转木马上旋转，
而且和它一起搭乘星际暴风雪的便车，
令人炫目的光年如此迅捷，
地球上无一物来得及颤抖。

请仔细看：
桌子还立在原本的位置，
纸张依然在原先摊开的地方，
唯微风吹进半开的窗户，
墙壁上没有任何可怕的裂缝，
会让风把你吹向乌有。

在熙攘的街上想到的

脸孔。

地表上数十亿张脸孔。

每一张都显然不同于

过去和以后的脸孔。

但是大自然——有谁真了解她呢——

或许厌烦了无休止的工作，

因而重复使用先前的点子

把曾经用过的脸

放到我们脸上。

与你擦肩而过的也许是穿牛仔裤的阿基米德，

披着大拍卖零售衣的叶卡捷琳娜大帝[1]，
某个提公文包、戴眼镜的法老王。

来自还是小镇华沙的
赤脚鞋匠的寡妇；
带孙子去动物园，
来自阿尔塔米拉洞窟[2]的大师；
正要去美术馆欣赏一下艺术，
头发蓬乱的汪达尔人[3]。

有些脸孔出现于两百个世纪前，
五世纪前，
半世纪前。

---

1 即凯瑟琳大帝（Catherine the Great，1729—1796），俄罗斯帝国最为知名，也是统治时间最为长久的女沙皇。

2 阿尔塔米拉洞窟（Altamira），史前人类活动遗址，位于西班牙坎塔布利亚自治区的桑蒂利亚纳·德耳马尔附近。1984年，被列入世界遗产名录。

3 汪达尔人（Vandal），古代日耳曼人部落的一支，曾在罗马帝国末期入侵罗马。

有人搭金色马车而来，

有人乘大屠杀的列车而去。

蒙特祖玛[4]，孔子，尼布甲尼撒[5]，

他们的看护，洗衣妇，以及塞米勒米斯[6]

——只用英文交谈。

地表上数十亿张脸孔。

你的，我的，谁的——

你永远不会知道。

大自然必是想愚弄我们，

而且为了赶上进度，充分供货，

她开始自遗忘的镜子

打捞那些早已沉没的脸。

4　蒙特祖玛（Montezuma，约1475—1520），古墨西哥阿兹特克帝国的最后一任国王。

5　尼布甲尼撒（Nebuchadnezzar，约公元前634—562），古巴比伦第四王朝国王。

6　塞米勒米斯（Semiramis），传说中的亚述女王。

点子

有个点子来找我：
写点押韵的东西？写首诗？
好的——我说——待会再走，我们聊聊。
你得跟我多讲讲你的事情。
　　于是它在我耳边轻声说了几句话。
啊，原来如此——我说——挺有趣的。
这些事搁在我心里很久了。
但要将之写成诗？不行，绝不可以。
　　于是它在我耳边轻声说了几句话。
这只是你的想法——我回答——
你高估我的能耐和天份了。
我甚至不晓得从何写起。

于是它在我耳边轻声说了几句话。

你说错了——我说——精练的短诗

要比长诗难写许多。

别纠缠我，别再说了，这事成不了。

于是它在我耳边轻声说了几句话。

好吧，我试试，既然你执意如此。

但别说我没警告你。

我会写，然后将之撕碎，丢进垃圾桶。

于是它在我耳边轻声说了几句话。

你说对了——我说——毕竟还有其他诗人。

有些文笔比我更优。

我会把名字和地址给你。

于是它在我耳边轻声说了几句话。

我当然会嫉妒他们。

我们连烂诗都嫉妒。

但这一首少了……可能少了……

于是它在我耳边轻声说了几句话。

没错，少了你列出的那些特质。

所以我们换个话题吧。

来杯咖啡如何?

它只是叹气。

开始消失。

消失无踪。

少女

我——少女?

如果她突然，此地，此刻，站在我面前，

我需要把她当亲人一样地欢迎，

即使对我而言她既陌生又遥远?

掉一滴眼泪，亲她的额头，

仅仅因为

我们同一天生日?

我们之间有很多不同点，

或许只有骨头相同，

头盖骨，眼窝。

因为她的眼睛似乎稍稍大些，

睫毛长些，个子高些，

而且全身紧裹着

光洁无瑕的肌肤。

我们的确有共通的亲友，

但在她的世界几乎全都健在，

在我的世界则几乎无一幸存

于同样的生活圈。

我们如此迥异，

谈论和思考的事情截然不同。

她几近无知——

却坚守更高的目标。

我远比她见多识广——

却充满疑虑。

她给我看她写的诗，
字迹清晰工整，
我已封笔多年。

我读那些诗，读诗。
嗯，那首也许还不错，
如果改短一点，
再修订几个地方。
其余似乎没啥看头。

我们结结巴巴地交谈。
时间在她劣质的表上
依然摇摆不定而廉价，
在我的表上则昂贵且精准许多。

空洞的告别，敷衍的微笑，
不带一丝情感。

她在消失的当下，

匆忙之中忘了带走围巾。

一条纯羊毛围巾，

彩色条纹，

我们的母亲

以钩针为她编织的。

至今仍留在我这儿。

与回忆共处的艰辛时光

对回忆而言我是个很糟的聆听者。
她要我不间断地听她说话，
而我却毛毛躁躁，坐立难安，
爱听不听的，
出去，回来，又出去。

她要我给她全部的时间和注意力。
我睡觉时这不成问题。
在白天情况往往有别，这让她心烦意乱。

她急切地把旧信件、老照片硬塞到我面前，
翻启重要与不重要的旧账，
要我重新审视被忽略的景象，

让已逝的往事进驻。

在她的故事里，我总是比较年轻。
这很好，但干吗老是旧调重弹。
每一面镜子都带给我不同新貌。

我耸肩时她生气，
随后心存报复地搬出我所有前非，
严重，但被轻易遗忘的过错。
她直视我双眼，等着看我的反应。
最后安慰我：还好这不算最糟。

她要我只为她而活，只与她一起生活。
最好是在黑暗、上锁的房间，
而我老规划着当下的阳光，
流动的云，以及脚下的路。

有时候我受够了她。

我提议分手，从此一刀两断。

她怜悯地对我微笑，

因为她知道那也会是我的末日。

小宇宙

当他们首次以显微镜观看时，

一股寒颤袭来，至今犹在。

生命迄今以各种大小和形状

展现十足疯狂的样貌。

因此它创造了微型生物，

类别齐全的小虫和苍蝇，

但至少还让人类能以肉眼

看见它们。

而后突然在一个玻璃片下面，

过度的异类

又如此微小，

它们在空间中所占据的

只能被宽厚地称之为地方。

玻璃片根本没碰到它们，
它们未受任何一重阻碍，
空间宽裕，可恣意妄为。

说它们为数众多——还算低估了，
显微镜倍率越高，
它们就越热烈、越精确地倍增。

它们甚至没有像样的内脏。
不知性别、童年、老年为何物。
甚至可能不知道自己是存在——或不存在。
然而它们决定我们的生死。

有一些，瞬间停滞，就冻住了，
虽然我们不知道它们的瞬间是什么。

因为它们如此微小，
它们的时间单位
可能因此分得更细更碎。

随风而起的一粒灰尘
是来自外层空间的一颗流星。
一枚指纹是一座辽阔的迷宫，
它们可能在那儿集合
进行无声的游行，
它们看不见的《伊利亚特》和《奥义书》。

我很久以前就想写它们了，
但题材棘手，
老是往后拖延，
也许留待比我对世界更感惊异的
更好的诗人为之。
但时间将尽。于是我动笔。

有孔虫[1]

好吧，我们以有孔虫为例。

它们活过，因为存在过；它们存在过，因为活过。

它们为其所能为，因为有能力为之。

因为是复数，所以用复数形，

虽然各自独立，

自有天地，因为各有其

钙质外壳。

1　有孔虫(foraminifera)，一种古老、有壳的海洋原生动物，能分泌钙质或硅质，形成外壳，壳上有一大孔或多个细孔，以便伸出伪足，因此名为“有孔虫”。其种类繁多，大致可分为浮游性和底栖性两类。浮游性有孔虫漂浮水中，可广泛分布；底栖性有孔虫生存于海底，活动范围较小。有孔虫由寒武纪开始便不断演化，演变迅速且愈来愈繁盛，常成为相关年代的重要标准化石。其体积小，不同种类有特定生存领域，可揭示古环境与古气候讯息，故亦为颇佳的指相化石。有孔虫在定年、演化、地层对比、地层划分、海洋地质研究等领域，都很有作用。

后来时间分层地

概述它们，因为分层，

不谈细节，

因为遗憾藏在细节里。

于是摆在我眼前的

是二合一的观点：

由诸多微小的永久安息

构成的伤心墓地，

或者

自海洋浮现——

蔚蓝海洋，迷人的白色岩石，

在此处的岩石，因为它们在此。

旅行前

他们称它：空间。

用这一个词去界定很容易，

用很多词会困难许多。

既空无一物也充满一切？

即便敞开也密不透风，

因为所有东西

都逃脱不了？

无限度地膨胀？

若有限度，

界线究竟在哪里？

嗯，一切安好。但现在该睡觉了。

夜深了，明天还有更多急迫的事
专为你抓紧时间量身订做：
摸摸近在手边的器物，
放眼意想中的远方，
听听听力所及范围内的声音。

接着是从 A 点到 B 点的行程。
当地时间十二点四十分出发，
飞越一团团当地的云朵，
疾驶过，无边无垠，
飞逝的天空。

离婚

对孩子而言：第一个世界末日。

对猫而言：新的男主人。

对狗而言：新的女主人。

对家具而言：楼梯，砰砰声，卡车与运送。

对墙壁而言：画作取下后留下的方块。

对楼下邻居而言：稍解生之无聊的新话题。

对车而言：如果有两部就好了。

对小说、诗集而言——可以，你要的都拿走。

百科全书和影音器材的情况就比较糟了，

还有那本《正确拼写指南》，里头

大概对两个名字的用法略有指点——

依然用“和”连接呢

还是用句点分开。

恐怖分子

他们一连想了好几天，
要如何杀人，杀得快狠准，
要多少人被杀才算杀得够多。
撇开这些，他们三餐吃得津津有味，
祷告，洗脚，喂鸟，
边搔胳肢窝边讲电话，
为剪到的手指止血，
他们如果是女人会买卫生棉，
眼影，插放在花瓶里的花，
心情好时开开玩笑，
喝从冰箱拿出的柳橙汁，
晚上看月亮和星星，
戴耳机听轻音乐，

然后香甜地睡到天亮

——除非他们所想的事必须在夜间进行。

例子

狂风

昨夜剥光树上的叶子

仅留下

一片孤叶

在光秃的枝桠上独自摇摆弄姿。

以此实例

暴力昭告天下

没错——

它有时喜欢要个小幽默。

认领

你来了真好——她说。

星期四的坠机事件你听说了吗?

他们来看我

就是为了这事。

据说他在乘客名单上。

那又怎么样?说不定他改变主意了。

他们给了我一些药丸,怕我崩溃。

然后给我看一个我认不得是谁的人。

全身烧得焦黑,除了一只手,

一块衬衫碎片,一只手表,一枚婚戒。

我很气,因为那铁定不是他。

他不会那样对我的,以那副模样。

那样的衬衫店里到处都是。

那手表是普通款。

戒指上我们的名字

再寻常不过了。

你来了真好。坐到我身边来。

他的确应该星期四回来。

但今年还有好多个星期四。

我会去烧壶水泡茶。

还要洗头，接下来呢，

睡一觉忘掉这一切。

你来了真好，因为那里好冷，

而他只躺在一个塑料睡袋里，

他，我指的是那个倒霉鬼。

我会烧星期四，洗茶，

我们的名字再寻常不过了……

不读

书店卖普鲁斯特[1]的书
不附赠遥控器,
你无法将频道转换到
足球赛
或益智问答节目,以赢得一台富豪汽车。

我们的寿命变长,
精确度却减小,
句子也变得更短。

1　普鲁斯特(Marcel Proust, 1871—1922),法国小说家,著有长达七卷,厚四千余页的名作《追忆似水年华》(*À la recherche du temps perdu*)。诗中“另一个姓氏以‘普’开头的人”应指波兰小说家波列斯拉夫·普鲁斯(Bolesław Prus, 1874—1912),其长篇小说《玩偶》(*Lalka*)于1887—1889年间以连载方式发表,1890年结集出版。

我们旅行得更快，更远，更频繁，
带回的不是回忆而是投影片。
这张是我和某个家伙。
那张是我的前夫吧。
这里大家都没穿衣服，
所以想必是在海滨某个地方。

七大册——饶命呀。
难道不能概述，简化
或者最好用图解的方式吗？
看过一套题为《玩偶》的系列小说，
但我嫂嫂说是另一个姓氏以“普”开头的人写的。

顺便问问，他到底是谁啊？
他大概卧床写作多年吧。
一页一页，
以受限的慢速。

但我们以五档极速前行，

而且——阿弥陀佛——还挺健康的。

凭记忆画出的画像

一切似乎都吻合。

头型，五官，身高，轮廓。

然而却无相似之处。

也许不是那样的姿势?

色调不同?

也许身子应该再侧一点，

好像注视着什么?

手里拿个东西如何?

自己的书? 别人的书?

地图? 放大镜? 钓线轮?

还是他该换穿别的衣服?

九月战役[1]的军装？集中营的囚服？

那个衣柜里的风衣？

或者——仿佛走向对岸——

脚踝，膝盖，腰，脖子，

已然淹没？光着身子？

如果加个背景呢？

譬如未修整的草地？

灯芯草？桦树？多云的美丽天空？

也许他身边少了个人？

跟他争吵？说笑？

玩牌？饮酒？

家人？朋友？

数名女子？一名？

他或许正站在窗边？

正走出家门？

1　九月战役，指的是1939年9月波兰抵抗德国入侵的保卫战，以失败告终。

脚边有只流浪狗?

还是挤身人群之中?

不对，不对，全搞错了。

他应该只身一人，

有些人是适合那样的。

也许没那么亲密，那么近距离?

远一点? 再更远一点?

在画面的最深远处?

即便他喊叫

声音也传不到的地方?

那么前景该画什么呢?

噢，什么都行。

只要是一只

刚好飞过的鸟。

梦

无需地质学家的专业知识和技能，
对磁铁、曲线图表和地图嗤之以鼻——
梦在刹那间
将群山堆放我们面前，
和现实一样稳固。

有了群山，然后是山谷，
基础建设完善的平原。
无需工程师，承包商，工人，
挖土机，推土机，建材供应——
狂暴的公路，速成的桥梁，
立即冒出的人口稠密的城市。

无需导演，扩音器，和摄影师——

群众完全明白何时该吓唬我们，

何时该消失。

无需技术娴熟的建筑师，

无需木匠，砌砖匠，泥水匠——

小径上突然出现一间玩具似的屋子，

屋内有回荡着我们脚步声的巨大客厅，

以及坚固的空气墙。

不但讲究气派而且力求优雅——

特别订制的表，一整只的苍蝇，

铺着绣花桌布的餐桌，

一颗齿印斑斑被咬过的苹果。

而我们——不像马戏班杂技演员、

魔法师、巫师和催眠师——

我们无羽毛就能飞翔，

用眼睛点亮黑暗的隧道，

以未知的语言滔滔不绝交谈，

不仅与任何人，而且与死人。

另有额外好礼——尽管享有自由，

可多方择称心合意之物，

我们被云雨之情所

迷，深陷绮境——

在闹钟铃响之前。

他们能告诉我们什么，解梦之书的作者，

研究梦的符码和征兆的学者，

备有心理分析躺椅的医生——

若有任何共识，

纯属偶然，

只基于一个理由：

在我们做梦之际，

在它们阴暗与闪烁之际，

在它们并联多样、不可思议之际，

在它们任意行动又四向扩张之际，

有时即便一个清楚的意思

也可能悄悄流失。

驿马车上

我的想象力判处我踏上这趟旅程。

驿马车车顶上的箱子和包裹湿透了。

车内拥挤不堪，喧闹，窒闷。

有一个满身是汗的矮胖主妇，

一个抽着烟斗，带着一只死野兔的猎人，

紧抱着一坛酒，打着鼾的修道院院长，

一个抱着哭红了脸的婴孩的保姆，

一个不停打嗝的微醺商人，

一个因上述原因恼怒的女士，

此外，还有一个拿着小喇叭的男孩，

一只被虱子叮咬的大狗，

和一只关在笼子里的鹦鹉。

还有那个我因他而搭上车的人，

几乎淹没于其他人的包裹当中，

但他在那里，他名叫尤利乌什·斯沃瓦茨基[1]。

他显然一点都不热衷交谈。

他自皱巴巴的信封拿出一封信，

他一定看过很多遍了，

因为信纸边缘有磨损的痕迹。

一朵干掉的紫罗兰自纸页间掉落，

啊！我俩同声惊呼，飞快将之接住。

或许我该趁此大好时机告诉他

久藏于我心中的想法。

抱歉，先生，这事既急迫又重要。

我来自未来，我知道后来的发展。

1　尤利乌什·斯沃瓦茨基（Juliusz Słowacki，1809—1849），波兰最伟大的浪漫主义诗人。

你的诗将广受喜爱和赏识，

你将与君王们同葬于瓦维尔城堡。

可惜，我的想象功力不足以

让他听到或起码看到我。

他甚至未察觉我拉他的衣袖。

他平静地将紫罗兰轻放回纸页间，

将信纸装入信封，再放进行李箱内。

他看了一眼雨痕斑斑的窗户，

起身，扣上斗篷，挤到门边，

然后呢——在下一站下车。

我盯着他看了好几分钟。

他带着他那个行李箱离去，身形瘦小，

直往前行，低垂着头，

仿佛知道自己是个

无人等候的人。

眼前如今只剩临时演员。

撑着雨伞的大家族。

拿着哨子的班长，跟在身后气喘吁吁的新兵们，

满载猪仔的马车，

以及两匹精力充沛等待上鞍的马。

埃拉在天堂

她[1]向上帝祈祷，
全心全意地祈祷
让她变成一个
快乐的白种女孩。
如果这样的改变已来不及，
那么至少，噢上帝，瞧我有多重，
起码让我体重减半吧。
但仁慈的上帝回答：不行！
祂只是把祂的一只手放在她心上，
察看她的喉咙，摸摸她的头。
而这一切完毕后，祂说：

1 此诗中的埃拉，为著名美国黑人女歌手埃拉·费兹洁拉（Ella Fitzgerald，1917—1996）。

你的到来，让我心喜，

我的黑松弛剂，歌唱的圆木头。

维梅尔

只要阿姆斯特丹国家美术馆画里

那位静默而专注的女子[1]

日复一日把牛奶从瓶子

倒进碗里

这世界就不该有

世界末日。

1　此诗中，指的是荷兰画家维梅尔（Johannes Vermeer，1632—1675）的名作《倒牛奶的女人》中的人物。

形而上学

存在过，消失了。

存在过，所以消失了。

依循始终如一的不可逆的顺序，

因为这就是结局已定的比赛规则。

老掉牙的结论，本不值得一写，

若非那是确凿的事实，

恒久不变的事实，

放诸宇宙皆准，现在和未来：

某个事物在结束前

的确存在，

连你

今天吃过猪油渣面一事也是。

辛波斯卡生前使用的书架。

辛波斯卡生前家中摆放的小物件。

MINI
MEHARI'S
Il fumo danneggia gravemente te e chi ti sta intorno

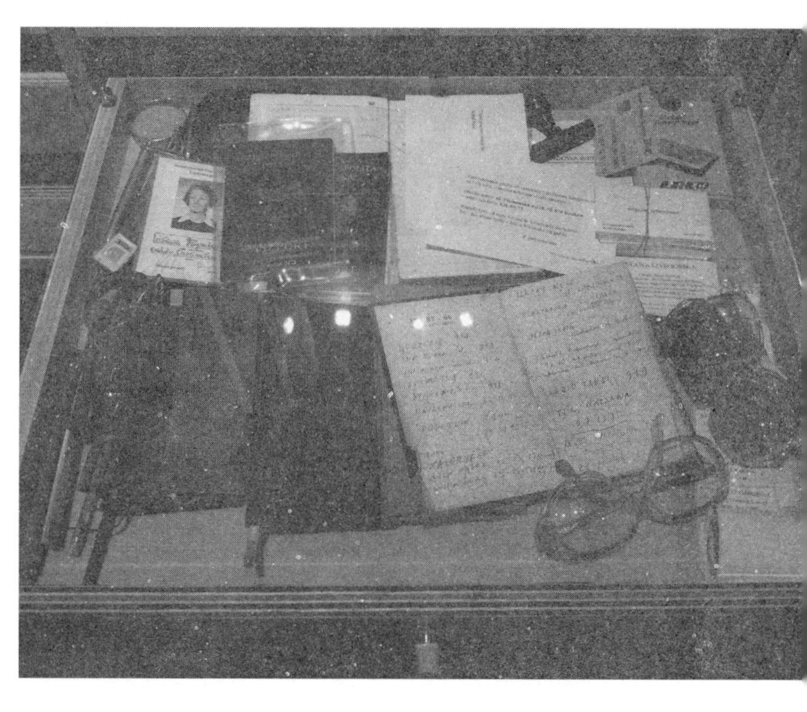

辛波斯卡收集的打火机和她的一些文件。

辛波斯卡生前使用的打印机。

辑二　冒号

2005

缺席

差一点点，

我母亲可能就嫁给

来自兹敦斯卡 · 沃拉的兹比格涅夫 · B. 先生。

他们若有个女儿——不会是我，

也许比较会记名字和脸孔，

任何旋律一听不忘，

擅长分辨鸟类，

化学和物理成绩优异，

波兰文较差，

却偷偷写诗，

一出手就比我的诗迷人许多。

差一点点，

我父亲可能就在同一时间娶了

来自扎科帕内的雅德维加 · R. 小姐。

他们若有个女儿——也不会是我，

也许会比较顽固地坚持立场，

一无所惧地跳进深水中，

容易为集体情绪所感染。

在一些场合总可以立刻看到她，

但鲜少带着书本，更常在操场上

和男生一起踢球。

她们甚至可能相遇于

同一所学校，同一个班级。

但志趣并不相投，

不同类，

班级合照里隔得远远的。

站过来，女孩们

——摄影师会这么喊——

矮的在前，高的在后。

我说笑一个时就开心地笑。

再清查一次人数，

都到了吗？

——是的，全员到齐。

公路事故

他们仍不知道
半小时前
公路上发生了什么事。

他们的手表上
就那样的时间，
下午，星期四，九月。

有人在吃通心面。
有人在扫落叶。
尖叫的孩童绕着餐桌跑。
某人的猫俯身接受抚摸。

有人在哭——

像每回在电视前，看到

坏狄亚哥背弃朱安妮塔时那样。

有人敲门——

没事，是邻居来还煎锅。

公寓很里面电话铃响——

只是最近的推销广告。

若有人站在窗口

望向天空，

他可能会看到自车祸现场

飘来的云朵。

虽已碎烂零散，

对它们却稀松平常。

第二天——我们不在了

早晨预计凉爽多雾。
雨云
会从西边移入。
能见度差。
道路湿滑。

在白天，逐渐地，
受北方高压锋面影响
本地阳光有露脸机会。
但由于时有强风和阵风，
可能会出现暴雨。

晚间

全国各地天气清朗，

只有东南部

有些微降雨概率。

气温明显下降，

气压上升。

第二天

可望艳阳高照，

但还活着的人

仍该随身携带雨具。

事件

天空，大地，早晨，

八点十五分。

热带草原上发黄的草丛

平和宁静。

远处一棵黑檀木

树叶常绿

树根蔓生。

幸福的寂静突来一阵喧闹。

想共同生活的两个生物突然拆伙。

一头羚羊疯狂奔逃，

一头气喘吁吁的饿母狮紧跟在后。

目前双方机会均等。

逃命的一方也许略占优势。

要不是树根

自地底突出，

要不是四蹄中

有一蹄被绊住，

要不是转瞬之间

乱了节奏，

让母狮一个大步

逮到机会……

若问谁之过，

没什么，就保持缄默吧。

无罪的天空—— *circulus coelestis*。

无罪的 *terra nutrix* ——大地保姆。

无罪的 *tempus fugitivum* ——时间。

无罪的 *gazella dorcas* ——羚羊。

无罪的 *leo massaicus* ——母狮。

无罪的 *diospyros mespiliformis* ——黑檀木。

在此情况下，透过双筒望远镜

观看此景者是

homo sapiens innocens [1]——无罪的人类。

1　此诗后面出现的外语，皆为拉丁语。

与阿特洛波斯的访谈

阿特洛波斯女士吗?

是的，我就是。

在三个命运女神中

你在人间的名声最差。[1]

太言过其实了，亲爱的诗人。

克罗托纺织生命之线，

但那线太纤细，

1 阿特洛波斯（Atropos）为命运三女神之一，其他两位分别是：负责纺织人类寿命纱线的克罗托（Clotho），负责分配纱线长短的拉琪希丝（Lachesis）。阿特洛波斯则在人类寿终时拿剪刀剪断寿命的纱线，是死神的分身，因为她取走人的生命，因此有“名声最差”的说法。

很容易断。
拉琪希丝用她的杆子决定长度。
她们绝非无辜者。

但手持利剪的是你啊。

是我没错，但我物尽其用。

即便此刻在与你交谈时我看得出你是……

我是工作狂，天生如此。

你不觉疲倦、厌烦或昏昏欲睡吗，
至少在晚上？不会，真的不会吗？
没有休假，周末，例假日，
连抽烟的空档都没有？

这样会让进度落后，我不喜欢。

难以理解的狂热。

没得过什么赞扬，

奖赏，奖牌，奖杯，勋章？

或加框的证书？

像挂在美发院的那种？不用了，谢谢。

有帮手吗？若有的话，是谁？

说来有点矛盾——正是你们凡人。

各种独裁者，数不清的狂热分子。

他们不用我催促。

他们迫不及待投入工作。

战争一定让你很开心，

因为给了你诸多助力。

开心？我不知道那是什么感觉。
我没叫它们来，
也没掌控它们的方向。
但我必须承认：多亏了它们，
我才能跟上潮流。

你把线剪短，不觉得抱歉吗？

短了一些些，短了许多——
只有你们觉得有差别。

如果有更强的人要弄走你，
要你退休呢？

我没听懂。请你说清楚些。

让我换个说法：你有上级长官吗?

……请说下一个问题。

没有别的问题了。

那么，我告辞了。

或者该更精确地说……

我知道，我知道。再见。

希腊雕像

有人类和其他自然力的帮助，

时间在此事上表现不俗。

它先取走鼻子，然后生殖器，

接着一根又一根脚趾和手指，

若干年后一只手臂再另一只，

左大腿，右大腿，

肩膀，髋部，头，屁股，

所有剥离的从此成为碎片，

成为粗石，瓦砾，沙子。

活人如果以此方式死去，

每一击都会涌出大量的血。

大理石雕像死了依然白，

但不一定全白。

讨论中的案例只有躯干还在，

仿佛尽力保住的一口气，

因为从此它得

为自己

找回

遗失了的部位的

优雅和庄严。

它做到了，

目前为止做到了，

做到了，表现亮眼，

亮眼且会持续……

时间同样值得嘉许，

因为它提早收工，

留一些以后再做。

迷宫

——而现在只几步远，

在墙与墙之间，

沿这些阶梯而上

或那些阶梯而下，

接着往左稍移，

如果不是往右，

从墙里面的墙

直到第七个门槛，

从任一处到任一处，

一直到交叉路口，

诸路在此交会，

为了再次分离：

你的希望，错误，失败，

努力，计划和新希望。

一条路接一条路，
但却没有退路。
可以走的唯有
在你前面的路，
那儿，仿佛给你安慰，
一个弯角接一个弯角，
惊奇后还有惊奇，
景色后还有景色。
你可以选择
在哪里或不在哪里，
跳过，绕道，
但不可以视而不见。

所以走这边或这边，
不然就那一边，

凭直觉，凭预感，
凭理智，凭运气
随便选一条捷径，
缠绕交错的小路。
通过一排又一排的
长廊，一扇又一扇的门，
速度要快，因为此刻
你的时间已不多，
从一地到一地，
到依然开放的许多地方，
那儿虽有黑暗和困惑，
却也有隙缝和狂喜，
那儿有幸福，虽然辛苦
只一步之隔，
而在某处，此处彼处，
此方彼方，任何地方，
快乐总被不快乐包围，

一如括弧嵌在括弧内。
而认清这一切之后，
一座悬崖骤现，
悬崖，但有条小桥，
小桥，却摇摇晃晃，
摇晃，但仅此一条，
因为别无他条。

某处一定有个出口，
对此我毫不怀疑。
但不用你去寻找，
它自己会来找你，
它一开始就
悄悄跟踪你，
而这座迷宫
只为你一人，为你
一人打造，只要你能，

就属于你，只要是你的，

逃离，逃离——

事实上每一首诗

事实上每一首诗
或可称为“瞬间”。

只要一个词组就够了，
以现在式，
过去式，甚至未来式；

这样就够了，文字所承载的
事物
会开始抖擞，发光，
飞翔，流动，
看似
固定不变

却有着变化有致的影子；

这样就够了，有提到
某人旁边的某人
或某物旁边的某人；

有提到养猫的或
不再养猫的阿莉；

或其他的阿莉
猫或非猫
出自被风翻动的
其他初级读本；

这样就够了，如果在视线之内
有个作者摆上暂时的山丘
和临时的山谷；

如果此际

他隐约呈示一座

似乎永恒且坚实的天堂；

如果在书写之手下方出现，

也许，一样名之为

某人风格的东西；

如果以白纸黑字，

或者至少在脑中，

基于严肃或无聊的理由，

放上问号，

且如果答之以——

冒号：

辑三　附录

我们在这里

——阅读辛波斯卡生前最后的诗

波兰女诗人辛波斯卡（Wisława Szymborska，1923–2012）于1996年获颁诺贝尔文学奖，瑞典学院给予她的授奖辞是："通过精确的反讽将生物法则和历史活动展示在人类现实的片段中。"评委会称她为"诗界莫扎特"，一位将语言的优雅融入"贝多芬式的愤怒"，以幽默来处理严肃话题的女性。她的诗作题材甚广：大如死亡、政治或社会议题，小如微小的生物、常人忽视的物品、边缘人物、日常习惯、被遗忘的感觉。她用字精炼，诗风明朗，沉潜之中颇具张力。她敏于观察，往往能从独特的角度观照平凡事物，在简单平易的语言中暗藏机锋，传递耐人玩味的思想，以看似不经意的小隐喻为读者开启宽阔的想象空间，寓严肃于幽默、机智，堪称以小搏大，举重若轻的语言大师。

《这里》一书出版于2009年，是辛波斯卡生前出版的最后一本诗集，收诗19首（2012年问世的《足矣》收诗13首，是死后出版之作；我们中译的这本《给所有昨日的诗》源自2010年由美国Houghton Mifflin Harcourt公司出版的波兰文与英译双语版诗集，收诗27首，最后8首选自2005年诗集《冒号》)。虽有论者认为《给所有昨日的诗》一书未见惊人之作，谓读此书似乎像重游著名旅游景点，未觉太多新魅力和神秘感，但绝大多数论者、读者皆持正面评价，甚至以惊叹语气赞道："为何她的诗总是越来越好？"在这本诗集里，我们看到80余岁的辛波斯卡以其一贯精准、简洁的语言，敏锐的观察，生动的叙述方式，书写所见所闻与所想所思。高龄诗人的想象力、幽默感和机智始终处于丰沛状态，对世界依旧保持童真的好奇，犀利的嘲讽里更增添几许宽容的理解。读这些诗让我们重温辛波斯卡曾经带给我们的惊喜与感动，的确是欢欢喜喜地到著名景点进行了一趟内涵丰富的深度人生之旅。我们感受苦涩的人类经验（譬如离婚、恐怖分子、认尸），我们探索梦境、回忆、微生物（有孔虫）、迷宫、写作灵感（点子）的本质与奥秘，我们在空间也在时间旅行，我们见到了辛波斯卡喜欢的画家维梅尔、黑人歌手埃拉·费兹洁拉、波兰诗人尤利乌什·斯沃瓦茨基，我们看到辛波斯卡与青少年时期的自己对望、交谈，我们听见辛波斯卡与主宰死亡的命运女神对话……每一首诗就是一个小宇宙，只要我们和老年的辛波斯卡一样仍然对世界充满好奇和想象，就可以在小宇宙发现“空间宽裕，可恣意妄为”的新天地。

*

在这本诗集的第一首诗——《这里》中，辛波斯卡发表了她居住地球多年的感言：地球有哀愁、剪刀、小提琴、感性、晶体管、水坝、玩笑、茶杯，还有其他地方缺乏的画作、阴极射线管、饺子和拭泪用的纸巾；地球各地息息相关，许多地方彼此相邻（“这里有无数周围另有地方的地方”)，每个人都是独立个体，却也彼此交融成更大的群体（“将自己的孩子加入别人的孩子中”）；无知的人类不断为各种事件和现象“下结论，找原因”；人类会死亡是自然定律；幸好战争不是永无休止，有“中场休息”的时候，人类得以休养生息；人类可尽情做梦，因为进入梦境无须付费，幻想破灭时，才须付出伤心的代价，而向地球租用的身体就“以身体支付”，身体器官一一消耗殆尽之时，便是租赁关系结束之时；居住于自转、公转的地球上，如同免费搭乘行星旋转木马，安稳妥适，无惧风雨吹袭。在地球上居住了80多年、经历磨难和战乱、看尽悲欢离合的辛波斯卡对地球毫无怨尤，反而以近乎童稚的天真想象和口吻述说居住地球的诸多好处，语带感激和谅解。这或许是辛波斯卡热爱生命的极致表现——情到深处无怨尤。

只要换个角度，地球上有太多美好的事物足以与其阴郁或阴暗面抗衡，譬如一幅充满生之气息的赏心悦目画作：“只要阿姆斯特丹国家美术馆画里／那位静默而专注的女子／日复一日把牛奶从瓶子／倒进碗里／这世界就不该有／世界末日。”（《维梅尔》）。譬如对刺客或炸弹客这类危险人物的另类想象：撇开他们的职业不谈，他们平常也祷告、洗脚、喂鸟、为小伤口止血、打电话，买卫生棉、眼影和花（如果是女性的话），开玩笑、喝柳橙汁，晚上不出任务时会看星空、听轻音乐入眠，与一般人无异，也无害（《恐怖分子》）。这样的人为何会是杀人不眨眼的恶魔？其善良的人性何以向邪恶臣服？或许是辛波斯卡没说出口的困惑。譬如一夜狂风来袭，树叶落尽，只剩一片孤叶尚存，你不必感慨大自然赶尽杀绝的粗暴无情，该学习辛波斯卡，不仅将孤叶看成是大难过后幸存的活口，还能笑看无知的它自得其乐在枝丫上搔首弄姿的滑稽模样，并将此一景象解读为暴力在人类面前展现的“小幽默”（《例子》）。譬如一心祈祷来世投胎成为白人女孩或身材苗条的黑人女歌手，殊不知想改变今生弱点的她在上帝眼中却是值得喜欢的“黑松弛剂，歌唱的圆木头”（肥胖的身材外加黑人歌唱的天赋让埃拉成为疗愈心灵的歌手埃拉）。我们应该感激仁慈的上帝否决了埃拉的愿望，为人间的未来留下美好的音乐种子（《埃拉在天堂》）。

但辛波斯卡绝非天真烂漫的乐观主义者，她对生命的本质有深切的体会。在《迷宫》一诗中，她不厌其烦地为读者解说迷宫的复杂设计以及破解迷宫的要领。整首诗有多处句字与句法大同小异，像是枝丫不断岔出，抉择无所不在，看似峰回路转，实则危机四伏：

一条路接一条路，
但却没有退路。
可以走的唯有
在你前面的路，
那儿，仿佛给你安慰，

一个弯角接一个弯角，

惊奇后还有惊奇，

景色后还有景色。

你可以选择

在哪里或不在哪里，

跳过，绕道，

但不可以视而不见。

……

一座悬崖骤现，

悬崖，但有条小桥，

小桥，却摇摇晃晃，

摇晃，但仅此一条，

因为别无他条。

迷宫，正是人生的隐喻：希望、错误、失败、努力、计划和新希望会在某处交汇而后分道扬镳；人生没有退路，因为无法重来；你可凭直觉、预感、理智、运气做出选择；幸福和辛苦只一步之隔，不快乐如影随形地跟着快乐……此诗道出了苦乐参半而苦又多于乐的人生本质，每个人都有自己专属的迷宫、不假外求的迷宫出口。反复读之，发现此诗仿若一首安魂曲或连祷文，以节制——有时甚且近乎单调——的语言，让我们在跟随诗人游历其为我们打造的人生迷宫的样本屋后，得以安心、耐心地面对、接纳暗藏于迷宫角落的黑暗、困惑和狂喜。

*

对于创作者而言，“如何表达”和“表达什么”同等重要。辛波斯卡似乎总是能自日常生活中找到出人意表的方式去呈现她的题材，传达令人惊喜的意念。在《离婚》一诗，她不从当事人着手，反而从猫的、狗的、家具的、汽车的、邻居的、等待被均分的书籍的角度切入，只在最后画龙点睛式地触及两人的状态。在《不读》一诗，她嘲讽现代人几乎都不阅读了，一如旅行带回的不是深刻的回忆而是印象模糊的投影片。说话者是这个年代的典型代表，她希望贩卖普鲁斯特《追忆似水年华》的书店可随书附赠遥控器，让她可随时将阅读频道转换到体育或有奖征答的娱乐节目，她甚至希望可以概述或简化或图解长篇巨作，还笑称写那么多册书的人八成是因为长年卧床行动不便，除了书写无事可做吧！辛波斯卡感慨："我们的寿命变长，／精确度却减小，／句子也变得更短。"短短数语道出现代人的通病——讲求速度，思想空洞，生命的长度增加，厚度与深度却减小。《在熙攘的街上想到的》有着顽童式的幽默。她在街上看到许多脸孔，发现有些人长得像阿基米德、叶卡捷琳娜大帝、法老王、野蛮的汪达尔人、蒙特祖玛、孔子、尼布甲尼撒、塞米勒米斯等历史人物，居然认为这是怠工的大自然为了满足地表上数十亿人口的需求所想出的偷懒方法：自遗忘的镜子打捞沉没已久的脸孔，“把曾经用过的脸／放到我们脸上”。于是，每当发现某些人长得像某些人时，我们便会想起这首绝妙好诗，想起此刻大自然可能正在世界的某个角落打盹偷懒而会心微笑。在《希腊雕像》一诗，偷懒的时间反而对保存人类文化有所贡献。通常雕像都经不起大自然（风吹日晒雨淋）的摧残，随着时间推移，各部位逐渐残缺、剥离，最终化为沙砾。但诗中所提到的这尊大理石希腊雕像虽然年代久远，日渐残破，却依然保有躯体，为仅余的优雅和庄严而苦撑着，辛波斯卡说这得感谢时间“提早结束工作”。以此逻辑继续推想，我们希望时间失忆，忘记尚待完成的工作，让雕像逃过化为乌有的劫数。《凭记忆画出的画像》一诗的说话者用了30多个问句企图厘清这张“一切似乎吻合却无相似之处”的画像和真实人物究竟差异何在：姿势？色调？穿着？场景？人际关系？生活作息？社交关系？内心想法？……这些自说自话的问题没有任何答案，辛波斯卡用一句话破解：“那么前景该画什么呢？／噢，什么都行。／只要是一只／刚好飞过的鸟。”即便融入所有考虑让画像变得更传神，都只是模拟受限的人生，无法像只飞鸟自由翱翔。

*

辛波斯卡擅用提问、对话，或戏剧独白的手法切入主题，将抽象的概念具象化，生动又深刻地传递她想表达的讯息。譬如《认领》一诗以戏剧独白的手法讲述一个女人的丈夫遭遇空难，她去认尸回来后与来访朋友的谈话。她拒绝相信那个尸肉焦黑的倒霉鬼与自己有任何关联，一再强调那只是同名同姓的人，故作轻松镇定地说要去烧水泡茶，洗头，然后睡一觉忘掉这件事，她找各种理由自欺欺人，自我安慰。但倒数第二行的口误“烧星期四，洗茶”，暴露出她内心隐忍的伤痛与焦虑不安，她拒绝承认，但心里明白丈夫已死是难以逃避的残酷现实。诗里无任何悲伤的字眼，读者却对该女子的遭遇有着许多同情。这种既深入又抽离的诗的张力，辛波斯卡拿捏得宜。在《与阿特洛波斯的访谈》一诗中，辛波斯卡以轻松的氛围触及严肃的政治话题。她采访命运三女神中负责剪短人类寿命纱线的阿特洛波斯（死神的分身），向她提出若干问题。在问答的过程中，我们发现人类之所以死亡人数众多，不仅仅因为命运女神阿特洛波斯是个工作狂，还因为她在人间有许多自动自发的帮手——发动战争的各种独裁者，数不清的狂热分子。“多亏了他们，我才能跟上潮流”，暗示随着武器的不断精进，战争的死亡人数倍增。访谈最后，阿特洛波斯拒绝回答与退休相关的提问，还一派轻松地道别，这可让我们一点也轻松不了。在《点子》一诗中，辛波斯卡以拟人化和戏剧独白的手法描述写作灵感的到访与离去的过程。点子来找她，希望她能将之书写成诗，而她有太多的顾虑：精炼的短诗难写，能力和才气不足，难以完整呈现诸多特质……最后点子只能叹气，消失无踪。相信有写作经验的作家读完此诗必然会心一笑。在《与回忆共处的艰辛时光》中，回忆被形塑成老爱旧事重提、翻旧账而且操控欲极强的强势女人，她逼你认错，形同绑架地强迫你只能与她生活在上锁的阴暗房间，你若提出分手，她会露出怜悯的微笑，因为她知道你若离开她会饱受折磨——她已然成为你生活中不可或缺的一部分。辛波斯卡用这样的关系影射笼罩于回忆阴影的人类的普遍困境：无论面对或逃离，都辛苦。

*

对于描写的对象和想呈现的主题，辛波斯卡往往表现得若即若离，不带强烈情绪，也不完全冷漠超然；即便深切关注，也必定巧妙地腾出距离。譬如《事件》一诗，辛波斯卡以冷静的旁观者口吻描述一则发生于热带草原即将演变成弱肉强食的血腥事件：母狮追猎羚羊，羚羊被树根绊倒，由优势转居劣势。我们接着会联想到在“动物星球”频道看到的羚羊被撕裂、吞噬的残忍画面，但辛波斯卡就此打住，话锋一转，要读者不必扮演法官的角色去论断谁是谁非，这本是大自然生态舞台上演的生活剧，所有的演出者（天空，大地，时间，羚羊，母狮，黑檀木），与透过望远镜观看的人类都是无辜的。她列出若干拉丁文学名，就是刻意让熟悉的事物“陌生化”,为习以为常的事物提供新的观点。又譬如《离婚》一诗,前八行以简短的词组,明快的节奏,言简意赅地界定离婚，但在最后几行却大有玄机：“还有那本《正确拼写指南》，里头／大概对两个名字的用法略有指点——／依然用‘和’连接呢／还是用句点分开。”共同生活多年的两人离婚，物质层面的东西或可潇洒地达成某种还算公平的协议，精神层面的东西就得费心思量一番了。离婚的两人当真从此一拍两散（“用句点分开”），还是仍潜藏剪不断理还乱的情感牵绊（“依然用‘和’连接”）？辛波斯卡留给读者线索各自想象、解读。《公路事故》是另一佳例。半个钟头前高速公路发生了一桩事故，不在现场、与发生事故者无关之人，或尚未获得通知的亲属，继续过着原本的生活，吃饭的吃饭，打扫的打扫，看电视的看电视，哭的哭，吵的吵，闹的闹……唯一让人联想起车祸的或许是自车祸现场飘来的云朵：“若有人站在窗口／望向天空，／他可能会看到自车祸现场／飘来的云朵。／虽已碎烂零散，／对它们却稀松平常。”“已碎烂零散”的云朵，或许暗喻车祸现场血肉模糊的惨状，或许暗喻散涣憔悴的心神状态。无时无刻不俯瞰在地球上所上演的悲剧的云朵，对此早已见怪不怪。比起因为无知才得以不受苦的人类，大自然“稀松平常”的冷静、超然或冷漠，或许是一种值得人类羡慕的功力。

在处理死亡或忧伤的题材时，辛波斯卡很多时候是以大自然为师，以超然、抽离的眼光观照人世。《第二天——我们不在了》读来像是每日例行的气象预报：今天天气阴晴不定，凉爽多雾，可能放晴，但时有强风，也可能出现暴雨。在最后一节，预报员善意提醒听众：虽然明日艳阳高照，出门时最好还是携带雨具，以备不时之需。而此一提醒针对的对象竟是第二天“还活着的人”，这让原本对标题感到纳闷的我们顿时豁然开朗：原来辛波斯卡以多变的气候暗喻无常的人生，今日健在的我们有可能明天已不在人世。这样的主题屡见不鲜，但以如此简洁的语言、淡定的口吻和超然的态度处理如此严肃沉重的题材，是辛波斯卡的拿手绝活，一如她在其他许多作品里所展现的。

*

此书所译原收于《冒号》中的最后一首诗《事实上每一首诗》具体而微地揭示出辛波斯卡的诗观：

事实上每一首诗
或可称为“瞬间”。

只要一个词组就够了，
以现在式，
过去式，甚至未来式；

这样就够了，文字所承载的
事物
会开始抖擞，发光，

飞翔，流动，

看似

固定不变

却有着变化有致的影子；

……

如果在书写之手下方出现，

也许，一样名之为

某人风格的东西；

如果以白纸黑字，

或者至少在脑中，

基于严肃或无聊的理由，

放上问号，

且如果答之以——

冒号：

诗是留白的艺术，诗歌文字必须自身俱足，自成一格，诗人发掘问题，但不提供特定答案。诗末的未完待续（“冒号：”）可由诗人，也可由读者，继续书写。

辛波斯卡在诺贝尔文学奖颁奖典礼上致辞时曾说：“诗人——真正的诗人——也必须不断地说‘我不知道’。每一首诗都可视为响应这句话所做的努力，但是他们在纸页上才刚写下最后一个句点，便开始犹豫，开始体悟到眼前这个答复是绝对不完满而可被摒弃的纯代用品。于是诗人继续尝试，他们这份对自我的不满所发展出来的一连串的成果，迟早会被文学史家用巨大的纸夹夹放在一起，命名为他们的‘作品全集’。”因为对世界永保感到惊叹的好奇心，因为将作品视为有待持续修改的未完成品，辛波斯卡的诗始终蕴含新意和感动，她绝对是没有新鲜事的太阳底下最新鲜也永久保鲜的诗人。在她“书写之手下方”，已确然出现一样让中文世界（以及全世界）读者惊艳的，名之为“辛波斯卡风格”的东西。

陈黎、张芬龄

2016年8月　台湾花莲

辛波斯卡作品年表

诗集：

《存活的理由》（*Dlatego zyjemy*, 1952）

《自问集》（*Pytania zadawane sobie*, 1954）

《呼唤雪人》（*Wolanie do Yeti*, 1957）

《盐》（*Sól*, 1962）

《一百个笑声》（*Sto pociech*, 1967）

《可能》（*Wszelki wypadek*, 1972）

《巨大的数目》（*Wielka liczba*, 1976）

《桥上的人们》（*Ludzie na moscie*, 1986）

《结束与开始》（*Koniec i poczatek*, 1993）

《瞬间》（*Chwila*, 2002）

《冒号》（*Dwukropek*, 2005）

《这里》（*Tutaj*, 2009）

《足矣》（*Wystarczy*, 2012）

散文集：

《非强制阅读》（*Lektury nadobowiazkowe*, 1973）

《非强制阅读新辑》（*Nowe Lektury nadobowiazkowe: 1997-2002*, 2002）

图书在版编目（CIP）数据

给所有昨日的诗 /（波）维斯拉瓦 · 辛波斯卡
(Szymborska,W.) 著；陈黎，张芬龄译 . -- 长沙：湖
南文艺出版社，2018.1

书名原文：Here

ISBN 978-7-5404-6108-9

Ⅰ . ①给… Ⅱ . ①维… ②陈… ③张… Ⅲ . ①诗集 -
波兰 - 现代 Ⅳ . ① I513.25

中国版本图书馆 CIP 数据核字 (2017) 第 234771 号

著作权合同登记号：18-2016-225

w.s.
THE WISŁAWA SZYMBORSKA FOUNDATION

给所有昨日的诗
GEI SUOYOU ZUORI DE SHI

作 者	[波] 维斯拉瓦 · 辛波斯卡
译 者	陈黎 张芬龄
出 版 人	曾赛丰
出 品 人	陈 垦
出 品 方	中南出版传媒集团股份有限公司 上海浦睿文化传播有限公司 上海市巨鹿路 417 号 705 室（200020）
责任编辑	耿会芬
装帧设计	任凌云
出版发行	湖南文艺出版社 （长沙市雨花区东二环一段 508 号 邮编：410014）
印 刷	北京鹏润伟业印刷有限公司
开 本	880mm × 1230mm 1/32
印 张	3.75
字 数	40 千字
版 次	2018 年 1 月第 1 版
印 次	2018 年 1 月第 1 版第 1 次印刷
书 号	ISBN 978-7-5404-6108-9
定 价	42.00 元

浦睿文化
INSIGHT MEDIA

出 品 人：陈　垦
监　　制：余　西
出版统筹：戴　涛
编　　辑：吕　昊
封面设计：任凌云
内文排版：凌　瑛
内文摄影：胡　桑

投稿邮箱：insightbook@126.com
新浪微博：@浦睿文化